Alfred Reichel

Prost-Gedichte

Bibliografische Information der Deutschen Nationalbibliothek
Die Deutsche Nationalbibliothek verzeichnet diese Publikation
in der Deutschen Nationalbibliografie; detaillierte bibliografische
Daten sind im Internet über www.dnb.de abrufbar.

Vorwort des Autors

Prost! Prosit! – Hoch die Gläser. Hoch die Flaschen! Meist gefolgt von einem Zusatz wie „Auf das Leben / die Liebe / die Freundschaft…"
Das ist Leben! Das ist Nächstenliebe! Das ist Tradition! Das ist ähnlich dem Segen und dem Amen in der Kirche! Das ist das beste Vorspiel beim Trinken!
Das Buch ist gefüllt mit Biergedichten zum und übers Zuprosten.

Ich danke Cassy Hommel für die Cover-Illustration sehr herzlich.

Möge immer genügend gutes Bier mit uns sein! Prost!

Weil der Stadt, im Juni 2019   Alfred Reichel

#1 Gescheitert

Ich habe heute versucht, kein Bier zu trinken.
Versuch gescheitert - Prost! ;-)

#2 Darum ein Prosit

Ein Prost mit Bier zur rechten Zeit
vertreibt Kummer und Übellaunigkeit.
Damit beide bleiben fern,
drum proste ich so gern.
Prost!

#3 Richtig wichtig

Bier ist im Leben wichtig,
wer das sagt, liegt richtig.
Prost!

#4 Anti-Rassismus-Biergedicht

Rassismus ist ohne Frage
eine große Plage.
Er ist wie Bierflasche leer und Hose voll
- braune Scheiße, gar nicht toll.
Prost, hau weg die Scheiße.

#5 Halbblut

Ich bin ein Halbblut – halb Blut, halb Bieralkohol.
Mach's mir nach. Prost, zum Wohl!

#6 Toleranz

Es ist wirklich nicht zu fassen,
warum sich so viele Menschen hassen.
Wie sie sich beschimpfen und bekriegen.
Lasst doch endlich die Liebe siegen.
Werdet doch toleranter
im Umgang miteinander.
Mein nächstes Bier trinke ich auf eine Zukunft
mit mehr Toleranz, Liebe und mehr Vernunft.
Prost!

#7 Sparfuchs

Er spart, wo er kann.

Trinkt Wasser aus dem Wasserhahn.

Er isst Brot, 5 Tage alt.

Braucht kein Fitnessstudio, geht joggen im Wald.

Er fährt kein Auto, geht zu Fuß.

Braucht kein Schwimmbad, schwimmt im Fluss.

Aber an einer Sache spart er nicht.

Das ist Bier – sein Leibgericht!

Beim Bier hört das Sparen auf.

Prost darauf!

#8 Drei Wünsche

Hätte ich drei Wünsche frei,

wäre natürlich eine Kiste Freibier mit dabei.

Und da eine Kiste, wie ihr wisst,

schnell leer getrunken ist,

wünschte ich bei den Wünschen zwei und drei

mir weitere Kisten Bier herbei.

Prost!

#9 Erwartungen

Bier muss schmecken

und den Alkoholbedarf decken ;)

Prost!

#10 Wichtigkeit

An dem, was und wie viel einer trinkt und isst,
erkennt man die Wichtigkeit, die er seiner Gesundheit
beimisst.
Ich trinke ein Bier jeden Tag,
weil ein Bier gesund ist und ich Bier mag.
Prost!

#11 Amüsieren

Die beste Art, sich mit 5 % vol Alkohol zu amüsieren,
ist Bier. Deshalb lasst uns sofort ein Bier probieren.
Prost!

#12 From Paradise

Tasty beer
is like a big joy tear
from paradise spent by god.
Cheers and thanks a lot.

#13 Sternenhimmel

Am Himmel glänzen 1000 Sterne.

Lichtjahre weit weg, so ferne.

Du aber sitzt neben mir,

wir trinken beide Bier.

Sterne funkeln am Himmelszelt.

Wir haben Weizenbier gewählt.

Wir möchten nicht länger am Boden kleben.

Wir trinken, um zu den Sternen zu schweben.

Prost!

#14 Ha, ha, ha

Bier gebraut.

Bier getrunken.

Kaugummi gekaut.

Nicht nach Bier gestunken.

Alles richtig gemacht.

Prost. Der Brauer lacht.

#15 Nichts mehr aufschieben

In meiner To-Do-Liste steht geschrieben,

nichts Wichtiges mehr aufzuschieben.

Freunde, lasst uns mal wieder ein Fass Bier leer saufen.

Denn wir werden alt. Unsere Zeit ist bald abgelaufen.

Prost!

 # 16 **Voll**

Das Fass ist fast leer.
Es war wieder toll.
Kein Prost geht mehr,
denn wir sind voll.

 # 17 **Paradies**

Ich gehe durchs Leben ohne Eile
und nach einer langen Weile
bin ich dort, wo ich hin will
- am Ziel.
Ich sage dir jetzt dies,
mein Ziel ist das Paradies.
Ein Ort mit Bier en masse.
Das Bier natürlich vom Fass.
Prost und Amen,
meine Herren und Damen!

 # 18 **Das Beste**

Vom Einfachen das Beste,
deshalb Bier für meine Gäste.
Bier schmeckt einfach toll.
Prost. Zum Wohl!

#19 Glück auf

Ich mach mir ein Bierchen auf.

Das Glück nimmt seinen Lauf.

Ich trink es gierig-hastig leer.

Ich will vom Glück noch mehr.

Prost! Glück auf!

#20 Konsum

Überall Hektik, Stress und Trubel.

Aber Hauptsache, es rollt der Rubel.

Tja Alter,

wir leben im Konsumzeitalter.

Denk nicht drüber nach und konsumier

dein Weizenbier.

Prost!

#21 Irgendwann

Ich gehe irgendwann in Rente.

Dann ist jeder Tag Wochenende.

Ich mache dann jeden Tag,

was ich gerne mag.

Besonders gerne mag ich Bier.

Das trinke ich dann mit dir!

Prost!

#22 Biologie des Prostens

Der Klang, wenn sich beim Prosten die Gläser
berühren,
ist einer der Gründe, die einen zum Trinken verführen.
Ein Reflex wird dadurch ausgelöst,
so dass du auch mit deinem Bier anstößt.
Ein Prost zur rechten Zeit
schafft so Freude und Gemeinsamkeit.

#23 Anstößiges

Martin, Harald und ich sitzen in der Kneipe
und rücken mit Bier unserem Durst zu Leibe.
Helmut stößt dazu.
Wir stoßen alle an.
Martin stößt auf.
Prost! Glück auf!

#24 Trump

Trump will Amerika wieder groß machen.
Der Rest der Welt hat dabei nichts zu lachen.
Trump trampelt durch die Welt.
Ihn interessieren weder Freihandel noch Umwelt.
Ich suche ein wenig Trost
im Bier. Prost.

#25 Unsere Zeit

Wir sind Kinder unserer Zeit.

Einer Zeit mit Klimawandel, Trump und Co.

Sorgen und Ängste machen sich breit.

Das ist nun einmal so.

Dagegen helfen mir

die schönen Dinge dieser Zeit und Bier.

Prost!

#26 Anti-Albtraumbier

Ich träumte, Trump bekäme den Friedensnobelpreis.

Ja, manchmal träume ich echt einen Scheiß.

Nach diesem Albtraum gönne ich mir

statt Kaffee ein morgendliches Bier.

Prost!

#27 Zufriedenheit

Zufriedenheit ist die Abwesenheit von Langeweile und
Pein

und gleichzeitig die Anwesenheit von Freunden und
Bier.

Komm, schenk uns ein!

Prost! Darauf trinken wir!

#28 Tagaus

Tagaus, tagein,
eine Flasche Bier oder ein Glas Wein.
Am Freitagabend dann,
wenn man am Samstag ausschlafen kann,
kommt die Kür –
man trinkt seine vier Bier.
Prost!

#29 Echte Liebe

Sie mag rote Rosen,
noch lieber aber Bier aus Dosen.
Aber wirklich lieben tut sie was?
Natürlich Bier vom Fass!
Prost!

#30 Gesundheit

Gesundheit ist ein hohes Gut,
für welche man fast alles tut.
Der Gesundheit Feind ist zu viel Alkohol.
Aber Gesundheit ist nicht alles. Zum Wohl.
Ein Bier am Tag ist nicht ungesund.
Prost, Kopf in den Nacken, auf den Mund!

#31 Warten

Das halbe Leben besteht aus Warten.

Vom Warten gibt's verschiedene Arten:

Warten aufs Christkind.

Warten auf Rückenwind.

Warten auf Freibier.

Und wenn wir

nicht gestorben sind,

warten wir weiter aufs Christkind.

Prost, du Warter,

mit Bier als Starter!

Deswegen lass krachen,

schütte dir Bier in den Rachen.

#32 Verbesserer

Mit Bier das Schlechte runterspülen.

Sich dann besser fühlen.

So kenne ich das.

Bier hat schon was.

Bier als Verbesserer Nummer eins

ist meins!

Prost!

#33 Bessere Zeiten

Auf bessere Zeiten warten wir.
Und bis dahin trinken wir Bier.
Und sind die dann da,
halleluja,
trinken wir
natürlich weiter Bier.
Prost.

#34 Aus Grau wird Blau

Grau ist der Alltag.
Gold-gelb unser Bier.
Blau machen wir am Montag,
schlafen uns aus dafür.
Prost!

#35 Großzügig

Heute lade ich mich selber ein
auf ein Glas Bordeaux-Wein.
Großzügig spendiere ich mir
danach noch zwei Halbe Bier.
Prost!

#36 Grässlich

Wenn ich Durst habe,

dann kann ich grässlich sein.

Wenn ich mich dann aber an Bier labe,

herrscht wieder Sonnenschein.

Prost!

#37 Verzicht

Mitnichten

könnte ich auf alles verzichten.

Ich kann's nicht verhehlen,

ohne Bier würde mir was fehlen.

Prost!

#38 Mein kleiner Kaktus

Neulich dachte ich mir,

ich gönne meinem Kaktus statt Wasser Bier.

Gedacht, getan.

Und nach 2 Wochen dann

kann ich sagen,

mein Kaktus hat das gut vertragen.

Prost Kaktus! Du machst mir keine Sorgen,

tu ich dich mit Sonne und etwas Bier versorgen.

#39 Logisch

Die, die viel Bier saufen,
sind die, die viel Bier kaufen.
Drum mag die Brauerei seine Säufer
als Vielbierkäufer.
Prost auf hohe Bierumsätze,
die sichern den Brauern ihre Arbeitsplätze.

#40 Bier statt Wein

So geht das nicht mehr weiter.
Nach 2 Liter Wein da speit er.
Ließ er das Weintrinken sein
und schenkte sich stattdessen 2 Liter Bier ein,
dann tränke er bei gleicher Menge weniger Alkohol.
Deshalb: Trink Bier. Zum Wohl!

#41 Protokoll

Er hat 10 Bier genossen
und sich damit abgeschossen.
Prost, er trinkt weiter.
Er fühlt sich noch nicht dicht. Leider.
Ich gebe zu Protokoll,
er ist voll.

#12   Murmeltier

Täglich grüßt das Murmeltier.

Es winkt mir zu mit einem Bier.

Prost!

#13   Eine Runde Freibier

Ohne Wenn und Aber.

Ohne viel Gelabber.

Bier her, aber schnell.

Alkoholhaltig und hell.

Freibier für alle.

Wirt, ich zahle.

Prost!

#14   Erde und Bier

Wäre die Erde eine Scheibe,

rückte ich meinem Durst mit Brennnesseltee zu Leibe.

Da aber die Erde keine Scheibe ist,

trinke ich Bier, denn Brennnesseltee ist Mist.

Prost!

#45 Jetzt

Ihr könntet mich jetzt schlagen.

Ihr hörtet mich nicht klagen.

Denn, oh wie wohl ist mir,

ich trinke gerade Weizenbier!

Prost!

#46 Heute glücklich

Viele sehen ihr Glück nur in der Zukunft

- was ist das nur für eine Unvernunft.

Glück im Jetzt und Hier

ist die Anwesenheit von Freunden und Bier.

Prost!

#47 Zufrieden

Du siehst mich nicht schmollen.

Du siehst mich nicht grollen.

Warum auch,

bin zufrieden, hab Bier im Bauch.

Prost!

#48 Authentisch

Ich predige Bier

und trinke Bier.

Prost!

#49 Zeitgenosse

Sei kein allzu trauriger Zeitgenosse.

Warte nicht nur auf die nächste Hausse.

Mach's wie wir,

trink Bier!

Prost!

#50 Darum

Ich habe mir jetzt ein Bier genommen,

um mit dem Irrsinn des Lebens klarzukommen.

Prost!

#51 Tipp des Abends

Alles wird gut,

wenn man sich Bier ins Glas tut.

Prost!

#52 Wochenende

Wochenende – habe nichts zu tun.

Werde tagsüber ausruh'n.

Und abends Bier trinken,

um spät nachts in Schlaf zu versinken.

Prost auf solch zwei geruhsame Tage

ohne Müh und Plage!

#53 Auf uns Sackgesichter

Prost ihr Säcke.

Auf dass uns ewig unser Bier schmecke.

Prost du Sack.

Sauf dein Bier aus. Zack, zack!

#54 Sympathischer mit Bier

Manche Politiker kämen sympathischer rüber,

stünden sie mit Bier ihren Wählern gegenüber.

So ein Bier kleidet einfach jeden gut.

Zweitrangig wird, was man sagt oder tut.

Deshalb gilt: Hast du nichts zu sagen, willst ablenken,

tu dir ein Bier einschenken.

Prost!

#55 Vom Teilen

Du lässt mich deine Kuchen
versuchen.
Von mir
bekommst du Bier.
Teilen schweißt zusammen.
Prost und Amen.

#56 Hab Acht vor der Acht

Acht Bier getrunken.
In Tiefschlaf versunken.
Zwei Stunden später wieder aufgewacht.
Die Uhr zeigt acht.
Prost. Trink weniger. Gib auf deine Gesundheit acht.

#57 Schöne Geste

Eine schöne Geste auf Erden
ist's, zugeprostet zu werden.
Prost!

#58 Geburtstag

Geburtstag – wieder ein Jahr älter.

Mein Arsch wieder etwas kälter.

Aber solange mir mein Bier schmeckt,

bin ich noch lange nicht verreckt.

Prost auf uns Geburtstagskinder;

wir werden alt, bald wird's Winter.

#59 Legaler Frohsinn

Ist er des Lebens müde,

dann raucht er eine Tüte.

Meist wird er wieder froh.

Mit Bier ist's ebenso.

Und die Moral von dem Gedicht:

Trink Bier, ist legal, die Tüte nicht.

Prost!

#60 Kraftspender

Fühlst du dich wie ein geprügeltes Tier.

Erschöpft. Stimmung total am Boden.

Dann nimm schnell ein gutes Bier

in deine zittrigen Pfoten.

Prost mit Bier dem Kraftspender!

Prost mit Bier dem Stimmungswender!

Zufrieden und glücklich

Sehr zufrieden
lehne ich mich zurück,
denn beschieden
ist mir großes Glück.
Ich sitze mit Freunden zusammen.
Wir trinken Bier.
Schön, dass wir zusammen kamen.
Prost, wie wohl ist mir!

Was wirklich zählt

Was ist es, was im Leben zählt?
Das ist die Frage, die dich quält.
Vielleicht ist's die Liebe zu Mensch und Tier,
inklusive der Eigenliebe in Form von Bier.

Ich liebe zwar dich,
aber ich liebe auch mich.
Und deshalb gönne ich mir
jetzt ein großes Bier.
Prost!

#63 Bier und Schokolade

Die Kombi helles Bier mit dunkler Schokolade
liegt in meiner persönlichen Hitparade
ziemlich weit vorn.
Noch vor Bier mit Korn.
Die süß-bitteren Noten und der Bieralkohol
tun mir einfach rundum wohl.
Prost! Guten Appetit! Zum Wohl!

#64 Wahlen

Die große Qual
bei jeder Wahl.
„Was wähle ich?"
Das fragst du mich.
Ich antworte dir:
„Ich wähle BIER!"
Prost!

#65 Noch mehr

Dem ersten Bier ist es wieder mal gelungen
auf unseren dürstenden Zungen
die übermächtige große Gier
nach noch mehr Bier
zu wecken.
Prost, lass dir's schmecken!

 ## Sonntägliches Joggen

Mit Freunden Joggen in der Natur
ist sonntägliches Glück pur.
Dazu gehört auch, nach dem Laufen
zu regenerieren und auszuschnaufen.
Dabei beim Ausschwitzen
auf einer Holzbank zu sitzen,
anderen Männern und Frauen
vergnügt hinterherzuschauen
und auf uns und das Leben
ein, zwei Bierchen zu heben.
Prost!

 ## Herbstanfang

Der Sommer ist vorbei.
Der Durst aber bleibt.
Wir lassen weiter Bier aus der Flasche frei,
damit's auch heute unseren Durst vertreibt.
Ein Prost auf einen goldenen Herbst!

#68 Bald ist Weihnachten

Nüsse fein hacken.

Christstollen backen.

Dabei Weihnachtsbier genießen

und die Weihnachtszeit begrüßen.

Prost und Kopf in den Nacken!

#69 Winter

Frost –

von West bis Ost.

Der Winter ist da mit Schnee und Eis.

Mancher fällt, stößt sich den Steiß.

Die Laubbäume sind fast kahl,

die schneegeräumten Wege schmal.

Kalter Glühwein schmeckt schal...

Das ist mir aber alles egal,

denn ich freue mich auf mein Weizenbier :-)

Freu dich mit und komm zu mir.

Prost!

#70   Adventskalender

Ein beneidenswerter Mensch biste,
haste eine 24-flaschige Weihnachtsbierkiste.
Als schäumend-leckerer Adventskalender
wird sie zu deinem täglichen Bierspender.
Prost!

#71   Winterzeit

Winterzeit –
es schneit.
Der Winter kommt mit Schnee und Eis
und macht die Erde weiß.
Draußen frösteln Mensch und Tier.
Wir trinken drinnen im Warmen unser Bier.
Ein Prost auf die kalte Winterzeit!
Ein Prost auf jede sich bietende Gelegenheit!

#72   White Xmas

Weiße Weihnacht –
welche Pracht.
Und mit Weihnachtsbier wird's noch toller,
noch prachtvoller!
Prost!

#73 Im Innersten

Wenn der Winter Einzug hält,

wird Weihnachtsbier auf den Tisch gestellt,

denn das ist's, was Weihnachten im Innersten

zusammenhält.

Natürlich nicht nur, aber auch.

Und schon verschwindet das erste in meinem Bauch.

Prost!

#74 Runde Bier

Du hast kein Geld.

Ich hab kein Geld.

Kein Wunder, dass uns Freibier so gefällt.

Du hast kein Geld.

Ich hab kein Geld.

Da hat sich einer zu uns gesellt

und eine Runde Bier auf seinen Deckel bestellt.

Klar, dass uns die Person gefällt.

Prost!

#75 Flau

Der Tag ist grau
und ihm ist's flau
im Magen.
Er kann wohl keine 10 Bier mehr vertragen.
Nach 9 Bier ist künftig Schluss.
Prost auf maßvollen Biergenuss ;-)

#76 Vorsicht

Es ist nicht alles Gold, was glänzt.
Es trügt oft der goldene Schein.
Vorsicht vor Bier, das man dir kredenzt;
das Bier könnte alkoholfrei sein.
Prost auf den Bieralkohol
mit Bier mit Alkohol.

#77 Vegetarisch

Trinkt Bier, dann tut ihr keinem weh.
Keinem Rind, keinem Schwein, keinem Reh!
Prost, trinken wir also ein paar Biere
auf die Rinder und die anderen Tiere!

#78 Maß Bier

Drinking a beer in the One-Liter-Class
is called in German "Eine Maß".

Der Volksfestbesucher steigt wegen dem Mehr an Masse,
von 0,5 Liter Bier um auf die Ein-Liter-Königsklasse.
Er kann sich so viel schneller besaufen
und die Bedienung muss weniger laufen.
Das bringt mehr Geld in die Bierzeltkass.
Prost aufs Maß, frisch vom Fass!

#79 Trost-Prost-Bier

Bist du traurig und suchst Trost?
Trink ein Bier. Prost.
Hilft das nicht?
Schreib ein Biergedicht.
Bist du immer noch nicht gut drauf?
Dann mache dir noch mehr Flaschen auf.
Glücklich ist, wer vergisst,
dass er eigentlich traurig ist.

#80 Verschmähte Liebe

Deine Frau liebt dich nicht mehr.

Aber du liebst sie.

Aus ist's mit jeglichem Verkehr.

Du leidest wie ein Stück Vieh.

Kann man sich entlieben?

Nein. Liebe lässt sich nicht verbieten.

Allein gelassen, wie vertrieben,

greifst du zurück auf alte Riten.

Gehst mit Freunden Bierchen saufen.

Gehst mit ihnen am Wochenende laufen.

Prost. Das Leben geht weiter.

Prost. Bleib heiter!

#81 Im Himmel

Ich saufe Bier,

bis ich krepier.

Und saufe dann im Himmel weiter.

Prost, das wird heiter :-)

#82 Abends

Geht der Tag zur Neige
dann schweige
auch du.
Komm zur Ruh.
In der Ruhe liegt die Kraft
und im Kühlschrank der Gerstensaft.
Hol dir von dort ein Bier heraus
und trinke es genüsslich aus.
Prost!

#83 Kollegen

Seine Kollegen
sind dagegen
alkoholfreies Bier zu kaufen,
denn sie wollen sich besaufen.
Na dann, prost!

#84 Sommerregen

Ein Sommerregen
ist ein wahrer Segen
für Pflanzen, Mensch und Tier.
Die Natur durstet nach Regen und ich nach Bier.
Prost!

#85 Erfrischend

Gluthitze –

ich schwitze.

Ach, wie wird mir jetzt ein Bierchen munden.

Körper und Seele werden augenblicklich gesunden.

Prost, das Weizenbier ist spitze!

Bier nach einem heiß-schwülen Sommertag aufgetischt

- erfrischt.

#86 Von morgens bis abends

Des Morgens, wenn ich früh aufsteh,

des Abends, wenn ich zu Bette geh

und auch in der Zeit dazwischen

würd ich am liebsten ein Bierchen zischen.

Prost!

#87 Feucht-fröhlich-glücklich

Wir haben Bier getrunken die ganze Nacht.

Am Ende auch noch ein paar Gläser Wein.

Man kann in einer feucht-fröhlichen Nacht

viel reden, Musik hören und so glücklich sein.

Prost!

#88 Lebensmut

Geht's dir nicht gut.

Fehlt`s dir an Lebensmut.

Vielleicht hilft dir

ein Bier. – Prost. Probier!

Denn ist das Bier erst in dir drin

und schäumt hoch bis in dein Hirn,

dann schaltest du um auf Dur von Moll.

Frisches Bier ist einfach toll!

#89 Die Schwaben

Zu beneiden sind wir Schwaben,

denn wir haben

unseren VfB, Bier und Moschd.

Proschd!

#90 Gestern / heute

Gestern war der Himmel blau

und er nach 10 Bier auch.

Heute ist der Himmel grau

und er hat Schmerzen im Kopf und Bauch.

Prost mit Kamillentee

gegen Kopf- und Bauchweh!

#91 Ausgeflippt

Er hat an seinem Bier genippt
und ist gleich ausgeflippt.
Er fühlt sich verkohlt,
vom Bier, das er geholt.
Das Bier ist alkoholfrei
- welch große Sauerei.
Trotzdem ein Prost!

#92 Mai 2018

Bald ist der heiße Mai
vorbei.
Dann kommen Juni, Juli und August
und bringen uns weiter Hitzelust.
Damit wir die Hitze gut überleben,
lasst uns abends ein Bierchen heben.
Prost auf die Sommerhitze!
Weizenbier schmeckt spitze!

#93 Einsicht

Das Leben ist viel zu kurz, ob ohne Bier oder mit.
Deshalb doch lieber mit. Prost und guten Appetit!

#94 Derby-Sieger (12.5.2018)

Stuttgarts Überflieger

sind Derby-Sieger!

Lasst uns festen!

Der VfB gehört zu den Besten!

Heute die Bayern, morgen Real.

Das wird genial!

Prost mit Siegerbier

aufs 1:4!

#95 CL-Finale am 26.5.2018

Wer gewinnt heut den Pokal?

Liverpool oder Real?

Klopp oder Zidane, der Franzose?

Mir ist das Jacke wie Hose.

Ich hoffe auf ein super Spiel,

das ich zum Bier genießen will.

Prost auf beste Fußballwerbung.

Prost auf beste Unterhaltung.

(PS: Real gewann mit 3:1.)

#96 WM 2018 - Vorfreude

Lasst die Spiele beginnen.

Vielleicht werden wir ja wieder die WM gewinnen.

Und falls nicht,

ist da eine Fußballwelt, die für mich nur kurz

zusammenbricht.

Wir werden unsere Gemüter kühlen,

indem wir unseren Ärger mit Bier runterspülen.

Prost, in diesem Sinne,

auf dass der Bessere gewinne.

#97   WM gucken

Fußballspiele gucken.
Bierchen schlucken.
Bierchen schlucken.
Fußballspiele gucken.
Nein, ich habe keinen Knall.
Hoch leben Bier und Fußball!

Fußballspiele gucken.
Bierchen schlucken.
Bierchen schlucken.
Fußballspiele gucken.
Nein, ich bin nicht plemplem.
Hoch leben Bier und WM!

Never change a winning team.
Deshalb gönne ich mir
zum Fußballgucken Bier!.
Prost auf das Dream-Team!

#98 WM-Aus 2018

2014 ein legendäres 7:1, 2018 ein 0:2.

2014 Weltmeister, heute alles vorbei.

Gestern Top, heute Flop.

Gestern Klasse, heute nur Masse.

Gestern gewonnen, heute alles zerronnen.

Gestern famos, heute mut- und hilflos.

Gestern Lustbier, heute Frustbier.

Gestern :-) heute :-(

Aber gestern wie heute schmecken mir

Bier, Bier, Bier! Prost!

Ohne viel Worte.

Das war eine WM der schlechten Sorte.

Die Beine der Deutschen waren schwer.

Spielten wie Flaschen leer.

Ich mache mein Bierglas wieder voll.

Die nächste WM wird besser. Zum Wohl!

#99 Fußball überall

Wir spielen Fußball
auf Erden überall.
Und vielleicht spielt man Ball
ja auch im Weltall.
Vielleicht kickt Gott irgendwann ja unsere ballförmige
Erde,
dass sie am Jüngsten Tag durchs Himmelstor in seinen
Biergarten kommen werde.
Prost, auf diesen paradiesischen Biergarten,
auf den wir gerne warten.

#100 Am besten

„Jeder mache das, was er am besten kann.“
Deshalb fange ich jetzt mit Bier trinken an.
Prost!

#101 Kraftbier

Bier ist ein besonderer Saft,
der in Maßen Lebenskraft
und tiefe Zufriedenheit schafft.
Prost, drum trinken wir's so gern.
Prost, ein Tag ohne Bier liegt uns fern.

#102 Sternstunden

Du gibst uns Stunden voller Sterne.

Diese Stunden haben wir so gerne.

Und machst du uns auch ab und zu sternhagelvoll.

Oh Bier, wir finden dich trotzdem meist wundervoll.

Wir Sternsinger lieben dich.

Trinken wir zu viel, sind wir dicht.

Prost und aua.

Du machst uns selten sternhagelvoll.

Oh Bier, wir finden dich wundervoll.

#103 Frühling

Die Luft ist lau,

der Himmel blau.

Die Natur erwacht.

Rundum wird gelacht.

Es grünt und sprießt.

Leichter Wein in die Gläser fließt.

Auch vor mir steht ein Gläschen Wein.

Ach, könnte es denn schöner sein?

Ja, stünde ein Bier vor mir,

wäre es noch schöner hier!

Prost mit Bier oder Wein.

Lasst uns fröhlich sein.

#104 Chemie

Stimmt die Chemie nicht mehr,

dann muss ein Bierchen her.

So kommt vielleicht mit etwas Glück

die richtige Chemie zurück.

Und wir realisieren,

dass unsere Stoffe wieder harmonieren.

Prost!

#105 Believe

Wenn unser Tag nicht so gut lief

oder der Haussegen hängt schief,

dann brauchen wir

dringend ein Entspannungsbier.

Prost, believe me.

Don't leave me.

#106 Hau weg

Bier, das man getrunken hat, nimmt einem keiner
mehr weg.

Also, hau weg, den „Dreck"!

Prost!

#107 Ich

Ich bin kein Mann von Welt.
Ich habe kein großes Geld.
Aber ich habe Durst wie ein Stier
und brauche schnell ein Weizenbier!
Prost auf dich
und mich!

#108 Tag der Arbeit

Noch mehr arbeiten.
Noch länger arbeiten.
Noch besser arbeiten.
Noch billiger arbeiten.
Prost. Nein, danke. Nicht mit mir.
Am Tag der Arbeit trinke ich Bier.

#109 Fasten

Würde ich fasten,
ginge das auch zu Lasten
meines Bierkonsums.
Deshalb gehört Fasten, ums
kurz zu machen,
nicht zu meinen Lieblingssachen.
Prost!

#110 Abitur und Schulende aus Lehrersicht

Aus pubertierenden Schülerhorden
sind junge Erwachsene geworden.
Und nach so mancher Prüfung und Klausur
haben die jetzt sogar Abitur.

Liebe Schülerinnen und Schüler,
Schule ohne euch ist wie Bier ohne Alkohol.
Drum werde ich euch vermissen – ganz toll.
Prost und zum Wohl!

#111 Gerne ein Osterbier

Ostern ist ein wenig wie Weihnachten.
Nur halt ohne Weihnachtsbier
und ohne Weihnachtsbaum, dafür
mit Schokohasen schlachten.
Warum hat sich Osterbier nicht etabliert?
Ich würd's kaufen - garantiert!

#112 Entzückt

Bier hat ihn früh entzückt.

Hat ihn oft beglückt.

Hat nie sein Herz geknickt.

Hat selten seinen Kopf gezwickt.

Er ist nach Bier verrückt.

Sie hat ihn entzückt.

Hat sich dann verdrückt.

Hat sein Herz geknickt.

Er wurde fast verrückt.

Durch Bier und eine Neue gerade gerückt.

Prost!

#113 Bier-Ding

Manch Ding ist nicht ganz rund, eher eckig.

Manches ist nicht ganz sauber, eher dreckig.

Ein Ding aber ist nahezu perfekt.

Ich hab's schon lange für mich entdeckt.

Dies Ding ist über allem erhaben.

Dies Ding muss ich täglich haben.

Ihr wisst schon, um was es geht.

Es ist das Bier, das vor mir steht.

Prost!

#114 Glücksfaktoren

Bewegen, lachen, lieben, essen,

Bier trinken nicht vergessen –

Das sind alles Sachen,

die mich glücklich machen.

Also, mach ich mir jetzt ein Bierchen auf!

Prost, auf einen glücklichen Lebensverlauf!

#115 Randvoll

Manchmal ist weniger mehr.

Das gilt auch für den Bier-Verzehr.

Drum trinke mit etwas Verstand,

fülle dich nicht bis zum Rand.

Sinnvoll statt randvoll. Prost!

#116 Zum Wohl

Liebt dich deine Frau nicht mehr,

ist zudem dein Bierglas leer,

mach dein Glas wieder voll.

Der Rest findet sich. Zum Wohl!

#117 Besser

Was gibt es besseres als ein Bier?

Zwei Bier!

Prost. Prost.

#118 Kenner

Ich kenne dich.

Du kennst mich.

Und wir

kennen Bier.

Man kennt sich.

Prost mit Bier auf dich

und auf mich!

#119 Falle

Im Falle eines Falles

trinke ich natürlich alles.

Aber gesetzt den Fall,

ich habe die Wahl,

dann trinke ich Bier,

am liebsten mit dir ;-)

Prost!

120 Antwort

Wein oder nicht Wein, das ist hier die Frage.

Bier ist die Antwort und gleichzeitig die Ansage:

Bier ist der bessere Wein.

Drum schenke dir Bier ein.

Prost!

121 Kante

Er ist mit Freunden saufen,

lässt sich mit Bier volllaufen.

Er gibt sich heute die Kante.

Oh Schande. Oh Schande.

Das ist ihm aber Wurst.

Er trinkt einen über den Durst,

denn seine Freundin hat ihn verlassen.

Deshalb Prost und hoch die Tassen.

122 Bierzeit

Entweder trinke ich gerade Bier

oder ich trinke kein Bier,

denke dann aber an Bier.

Für mich ist allzeit

Bierzeit.

Prost!

#123 Gluck-Schluck

Kuckuck, kuckuck
ruft der Kuckuck.
Gluck, gluck,
schluck, schluck,
macht's bei mir
beim Genuss von Bier.
Ein Prost darauf
und mach die nächste Flasche auf!

#124 Überall

Im Norden, Süden, Westen, Osten
kann man leckeres Bier verkosten.
Wohin man schaut,
wird Bier gebraut.
Ein Prost auf so viel Bier-Sachverstand.
Ein Hoch auf unser schönes Land.
Ein Hoch auch auf den Elefant.

#125 Gelegenheit

Nutze jede passende Gelegenheit
und trinke mit Freunden Bier,
denn kurz nur ist eure Zeit
auf Erden hier.
Prost und Amen!

#126 Bierliebe

Wir trinken Sekt.
Der Sekt schmeckt.
Noch besser schmeckt uns aber Bier,
denn Sekt mögen, Bier lieben wir.
Prost auf unser geliebtes Bier!

#127 Größtes Glück

Du warst mein größtes Glück.
Bitte komm zu mir zurück.
Und auf dem Weg zu mir
kauf uns bitte einen Kasten Bier ;-)
Danke und Prost!

#128 Ein paar Schlückchen Glück

Oft fehlt zu meinem Glück
nur ein kleines Stück.
Meist bringt solch ein Stückchen
in Form von ein paar Schlückchen
erfrischendem Bier
das Glück zu mir.
Prost mit Glücksbier
auf unser Glück im Jetzt und Hier!

129 Vergnügungsbier

Ich vergnüge mich an dir,
mein geliebtes Bier.
Prost, so soll's beim Biertrinken immer sein:
Ich lasse Vergnügen in mich rein.

130 Schwerelos

Wer trinkt, hat mehr vom Leben.
Zwei Bier lassen dich schweben.
Du kommst so in eine neue Dimension.
Wer ohne Bier kann das schon?
Prost, wir wollen einen heben.
Prost, wir wollen schweben.
Prost, wir wollen leben.

131 Eins mehr

Hallo, ich möchte kurz vermelden:
Bier trinke ich häufig und nicht selten.
Ich trinke auch eher eins mehr als eins weniger.
Zwei statt einem machen mich einfach glückseliger.
Ein Prost auf das Glück.
Mir scheint, es kommt im Bier zu mir zurück.

#132 Bier ohne

Mir fällt kein Zacken aus der Krone,
trinke ich mal ein Bier ohne
Alkohol.
Gleichwohl
besser mit Alkohol!
Zum Wohl!

#133 Berlin

Sie wollte nie nach Berlin.
Irgendwie verschlug sie's hin.
Nach 2 Wochen dort,
wollte sie nicht mehr fort.
Denn ihr
schmeckte das Berliner Bier.
Auch wir machen uns deshalb auf die Reise
nach Berlin zu einer Schale Berliner Weiße.
Berlin, Berlin, wir fahren nach Berlin.
Prost, Berlin.

#134 Frust

„Lass uns Freunde bleiben.

Wir können uns ja hin und wieder schreiben."

„Ja, das machen wir", sagte er zur ihr.

Dann brauchte er Frustbier

und zog mit Freunden prostend durch die Kneipen.

#135 Tauwetter

Deutschland taut auf.

Wir trinken Bier darauf.

Ich mag keinen Frost. Das ist wahr.

Also, Prost mit Bier aufs Frühjahr.

#136 Planwirtschaft

Heute schon an morgen denken.

Deshalb jetzt dein Auto zum Getränkehändler lenken.

Dort eine Kiste Bier kaufen,

so hast du auch morgen etwas Gutes zu saufen.

Prost!

#137 Wahrheiten

Ich versuch, zu gehen, aber ich falle.

Ich versuch, zu sprechen, aber ich lalle.

Nach 10 Bier bin ich alle.

Und wieder mal wird mir klar:

„10 Bier sind ein Bier zu viel" – das ist wahr.

Wahr ist aber auch.

Bier ist's, was ich brauch.

Prost, ich möchte noch ergänzen:

Kenne deine Grenzen.

#138 Alternativen

Er liebt seine Freundin, Bier und den Suff.

Hat er beides nicht, trinkt er Wein und geht in den Puff.

Prost!

#139 Brauereiduft

Wunderbares liegt in der Luft.

Ein malzig-hopfiger Duft.

Es riecht nach Brauerei.

Meine Sinne freuen sich über solch Leckerei.

Prost auf den Duft, der Schönes hervorruft.

#140 Verweile

Sei doch nicht in Eile.

Holde Maid, verweile

bei mir.

Es gibt Bier!

Ein Prost aufs Verweilen!

Nachher kannst du gestärkt weitereilen.

#141 Biertraumreise

Tu dir ein Bier greifen.

Lass deine Gedanken schweifen.

Lass sie treiben in die Ferne.

Biertraumreisen hab ich gerne.

Prost!

#142 Spendabel

Der Herrgott spendiert der Erde Regen.

Der Pfarrer spendiert Gottes Segen.

Du spendierst eine Runde Bier:

Ihm, ihr und mir!

Prost allen Spendern!

143   Prost Seele

Lass dein Leben nicht nur von der Arbeit bestimmen.

Lass deine Seele mal wieder in etwas Bier schwimmen.

Prost!

144   Lachen

Lass uns lachen

über Sachen,

die uns Freude machen.

Und ist da nichts, was Freude macht,

dann wird trotzdem gelacht.

Denn lachen macht glücklich

und ist niemals lächerlich.

Lachen im positiven Sinn

ist immer ein Gewinn.

Erst wird gelacht,

dann ein Bier aufgemacht.

Prost :-)

145   Besser leben

Der trinke, dem ein Bier gegeben,

denn mit Bier lässt sich's besser leben.

Prost!

146   Dichten

Dicht zu sein, bedarf es wenig,
nur wer dichtet ist ein König ;-)
Prost!

147   Sich verlieren

Was wünsch ich mir?
Dass ich im Bier
mich nicht verlier.
(Christian Benz / Jannick Schmied)

Ab und zu muss man's aber riskieren,
sich im Bier zu verlieren,
ohne sich zu massakrieren.
Liebe Freunde, lasst euch sagen,
manchmal ist das Leben nur mit Bier zu ertragen.
Prost Christian! Prost Jannick!

148   Geborgen

Mit Freunden beim Bier fühle ich mich geborgen.
Wir lächeln dann über unsere kleinen Sorgen.
Prost Freund. Prost, ihr lächerlichen Sorgen.

149 Arbeit, Leben , Liebe

Man arbeitet, um zu leben.

Man lebt, um zu lieben.

Ich liebe Bier!

Prost auf die Arbeit, das Leben und die Liebe!

150 Abwarten

Gestern boten sich für uns noch so viele gute
Möglichkeiten.

Heute liegen vor uns womöglich echt schwierigere
Zeiten.

Zeiten mit Alleinsein, Armut, Ängsten und
Krankheiten.

Lasst uns nicht im Weltschmerz versinken.

Lieber erst mal abwarten und Bier trinken.

In diesem Sinne - Prost!

151 Neid

In meinem großen Glas

hab ich Bier, ein ganzes Maß.

Das stimmt mich froh und heiter.

Prost mit Bier auf die vielen Neider!

#152 Bier – keine Frage

"Trinken oder nicht trinken", das ist keine Frage
bei Bier als Getränk,
denn Bier ist an jedem Tage
ein prachtvolles Erlebnis, ein tolles Geschenk.
Prost mit was Tollem auf was Tolles!

#153 Demenz

Dement, dement
- wenig Licht noch brennt
in deinem Kopf,
du armer Tropf.
Die Demenz zerstört deine Intelligenz,
wenn nicht sogar deine Existenz.
Ich hoffe, ich weiß noch lange, wo mein Bierkasten steht.
Und hoffentlich auch, wie eine Bierflasche aufgeht.
Ein Prost auf alle Kollegen,
die Demenzkranke pflegen.
Ein Prost auf alle Pflegende
Prost und Ende!

#154 The best

Beer first. Wine second.

Take a beer in your hand.

Beer is the best.

Fuck the rest.

Cheers!

#155 Süchte

Meine Sucht sucht nach Bier.

Meine andere nach dir.

Habe ich beides gefunden,

erlebe ich glückliche Stunden.

Prost auf dich!

#156 Dankbarkeit

Der Genuss eines Bieres macht mich dankbar,

denn Bier schmeckt einfach wunderbar.

Nach zwei getrunkenen Bieren bin ich noch dankbarer,

denn zwei Bier schmecken noch wunderbarer.

So geht das noch ein paar Bier weiter.

Ich werde immer dankbarer und immer breiter.

Vielen Dank. Ein Bier geht noch. Prost!

157 Ruhig, ganz ruhig

Was soll der Scheiß!

Meine Gedanken drehen sich im Kreis.

Egal, was ich auch tu,

ich komme nicht zur Ruh.

Letztendlich haben mich zwei Bier gerettet.

Getrunken haben sie meine Gedanken angekettet.

Jetzt drehen sich die Gedanken nicht mehr in mir.

Prost und gedankt sei dir, mein geliebtes Bier!

158 Lebensreise

Sei als Mensch liebevoll und weise.

Obst und Bier seien deine Leibspeise

auf deiner möglichst langen Lebensreise.

Lebe in der Familie oder mit großem Freundeskreise.

So wirst du alt und findest dein Leben selten scheiße.

Prost mit Bier auf ein gelingendes Leben,

nach dem wir alle streben!

Das Leben ist viel zu schnell vorbei,

drum ist mir, was ich trinke, nicht einerlei.

159 Geld und Freunde

Geld ist dazu da, um Bier zu kaufen.

Freunde sind da, um's auszusaufen.

Prost! :-)

#160 Zwergenbier

Ihr seid Zwerge
gegen uns Berge.
Ätsch, sage ich Zwerg
zum Riesenberg.
Klein sind zwar wir,
aber wir trinken Bier.
Prost!

#161 Zeiten

Ein frisches Bier zur rechten Zeit
vertreibt Sorgen und Müdigkeit.
Ein Bier zu viel zur falschen Zeit
verschafft dir Kummer und Übelkeit.
Prost auf die richtige Zeit!

#162 Armer Schlucker

Bist du auch ein armer Schlucker,
gib dir einen sanften Rucker.
Mach's wie wir!
Prost, schluck Bier!

163 Der Mund

Ich öffne und schließe den Mund
beim Reden und beim Sprechen.
Ich öffne und schließe den Mund
aber auch beim Zechen.
Prost mit Bier
aufs Jetzt und Hier!

164 Kupferstecher

Lieber Freund und Kupferstecher,
leere mit mir
einen großen Becher
BIER!
Prost!

165 Mein Auto

Mein Auto läuft,
nur wenn es säuft.
So geht's auch mir.
Aber statt Benzin schluck ich Bier.
Prost!

#166 Die Meine

Ich liebe keine
als die Meine.
Aber sie ist nicht bei mir,
drum tröste ich mich mit Bier.
Prost!

#167 Verstaubt

Wäre die Luft in Stuttgart so rein wie Bier,
hätte so mancher Stuttgarter kein Problem mit ihr.
Die Stuttgarter Luft ist aber verstaubt.
Noch ist in Stuttgart das Autofahren erlaubt.
Prost Stuttgart! Prost Zugfahrt!

#168 Ewige Liebe

Du gingst fort von mir.
Traurig trinke ich mein Bier.
Ich hoffte, dass unsere Liebe
ewig bliebe.
Aber jetzt verschiebe
ich meine Gedanken an die Liebe.
Und trinke Bier
nur mit mir.
Prost! Irgendwo auf dieser Welt
gibt's jemand, der zu mir hält.

169 Macht Sinn

Ich sitze drinnen im Warmen. Du stehst draußen im Frost.
Drum trinke ich kühles Bier und du trinkst Glühwein.
Prost!

170 Auf alle Tage

Liebes Kind, es ist wahr,
wechselhaftes Wetter gibt's im Frühjahr.
Und jedes Kind weiß,
im Sommer wird's heiß.
Es weiß auch jedes Kind,
im Herbst weht ein stürmischer Wind.
Ihr wisst selber, liebe Kinder,
kalt ist der Winter.

Über die Jahreszeiten kann ich nicht klagen,
denn ich mag Bier an allen Tagen.
Prost auf Frühjahr, Sommer, Herbst und Winter,
liebe Kinder!

171 Glücksgefühl

Hab ich mich mit Bier gefüllt,
hab ich dabei Glück gefühlt.
Prost!

#172 Liebe dein Leben

Ich lebe irgendwo im Nirgendwo
und bin doch ziemlich froh.
Denn ich liebe das Leben.
Ich will noch lange nicht sterben.
Mein Lebenselixier
ist gutes Bier.
Lasst uns ein solches heben!
Ein Prost auf das Leben!

#173 Fußkuss

Hallo Süße,
küsse mir die Füße!
Meine Lippen gehören dem Bier.
Denn es ist Bier, nach dem ich gier!
Prost auf die Gier
nach gutem Bier!

#174 Ehre

Wer das Bier nicht ehrt,
ist den Durst nicht wert.
Prost!

#175 Im Alkohol versinken

Wir trinken, wir trinken,
bis wir im Alkohol versinken.
Bier her, Wein her
- immer mehr.
Bald wird uns die Zunge schwer.
Fröhlich und heiter
trinken wir weiter. Leider.
Wir sind im Alkohol versunken.
Wir sind betrunken.
Am nächsten Morgen haben wir dann den Salat:
Wir sind malad.
Ein Prost auf den übernächsten Tag,
an dem ich Bier wieder mag!

#176 Bier, Bier, Bier…

Ein Bier
schmeckt nach mehr Bier.
Somit ist nach dem Bier
vor dem nächsten Bier.
So werden's immer mehr Bier.
Prost! Noch ein letztes Bier!

#177 Sorgenfrei

Nimm dir jeden Tag eine Stunde Zeit für dich
und deine Sorgen.
Du fühlst dich glücklich
und geborgen,
wenn du diese Zeit mit Freunden verbringst
und dabei ein Bierchen trinkst.
Prost!

#178 Daheim

Daheim auf dem Tisch vor mir
steht eine Flasche Weizenbier.
Warum in die Ferne schweifen, wenn das Gute liegt so nah.
Ich gehe heute also nicht fort. Nein, ich bleibe heute da.
Prost!

#179 Übers Trinken

Der Mensch muss trinken und zwar viel,
weil's seine Natur nun mal so will.
Zwei Liter Wasser sind das Ziel.
Aber da pures Wasser zu sehr quält,
habe ich für mich Bier gewählt.
Prost!

#180 Alkohol

Alkohol, du Geist im Biere,

du machst mich zum faulen Tiere.

Alkohol, du Stoff der Stoffe,

du bist die Lösung, auf die ich hoffe.

Lallkohol, du Zungenbrecher,

du bist das Liebste für uns Zecher.

Alkohol, du treue Seele -

ein Bier schütt ich jetzt in meine Kehle.

Prost!

#181 Glücksrausch

Es ist das größte Glück auf Erden,

von Bier berauscht zu werden.

Prost!

#182 The art of drinking

The kind of drinking

shows the kind of thinking.

You drink like you think.

You think like you drink.

Cheers!

#183 Großer Mist

Ein leeres Bierglas ist großer Mist,
weil da kein Bier mehr drinnen ist.
Deshalb voll
ist toll.
Prost!

#184 Dich

Du trinkst Bier wie ich.
Ich glaube, ich liebe dich.
Ich suche eine Frau wie dich.
Du wärst die Richtige für mich.
Warum noch suchen? Ich nehme gleich dich.
Prost!

#185 Sauwetter-Retter

Regenwetter. Sauwetter.
Das Wetter wirkt gleich netter
nach etwas Bier, dem Stimmungsretter!
Prost!

#186 Eins bis eight

Eins, zwei, drei.

Das Leben ist viel zu schnell vorbei.

Eins, zwei, drei, vier.

Trinke täglich ein, zwei Bier.

One, two, three, four, five.

And look for a lovely wife.

Five, six, seven, eight.

Do not longer wait.

Cheers!

#187 Bis dahin

Sie wäre immer für ihn da.

Bla, bla, bla.

Sie würde ihn über alles lieben.

War wohl etwas übertrieben.

Jetzt steht er wieder da ohne Freundin.

Er hofft auf einen baldigen Neubeginn.

Er trinkt sein Bier alleine – Prost bis dahin.

#188 Nur sie

Sie oder keine.

So bleibt er halt einsam und alleine.

Er kommt nicht mehr auf die Beine.

Fort ist die Seine.

Er ist mit sich und der Welt nicht im reinen.

Er könnte den ganzen Tag weinen,

aber stattdessen trinkt er Bier und Bier

und Bier und Bier…

#189 Vom Sein und Nichtsein

Trinke ich nicht,

dann bin ich nicht.

Trinke ich,

dann bin ich

- dicht.

Prost mit Bier!

#190 Glaube, Liebe, Hoffnung

Für den, der an die Wirkung des Bieralkohols glaubt,

ist alkoholfreies Bier seiner Seele beraubt.

Ich jedenfalls liebe Bier mit seinem Alkohol.

Ich hoffe, ihr auch. Prost! Zum Wohl!

#191 Grau

Wenn ich heut in den Himmel schau,
sehe ich hoch oben überall nur tristes Grau.
Dagegen sehe ich die Farbe Gold vor mir,
denn dort steht flüssiges Gold in Form von Bier.
Prost!

#192 Völlig unbeschwert

Zwei Flaschen Bier sind geleert.
Ich fühle mich völlig unbeschwert.
Ich fühle mich vollkommen frei
und genehmige mir jetzt Bier Nummer drei.
Prost!

#193 Probier's

Grau ist alle Theorie.
Ohne Praxis lernst du's nie!
Besser Bier probieren
als nur Bierkunde studieren!
Prost!

#194 Gut und fein

Mir geht's gut, mir geht's fein,

denn ich trink ja Bier und Wein.

Prost!

#195 Glückskind

Hast du Glück im Glas, dann mach was draus!

Trink schnell das Bierchen aus!

Prost!

#196 Wo

Werde ich von dir geliebt,

findest du mich da, wo's Bier gibt.

Werde ich von dir vermisst,

findest du mich da, wo Bier ist.

Prost!

#197 Das Leben

Wenn man das Leben als Bier betrachtet,

dann ist die Liebe, nach der man schmachtet,

der Bieralkohol.

Prost! Zum Wohl!

#198 Übers Biertrinken

Warum trinkst du Bier?

Erkläre es mir.

Biertrinken ist mein Ziel.

Bier ist das, was ich will.

Mach auch du Bier zu deinem Favorit.

Prost, trink einen mit!

#199 Medizin

Ein täglich Bier ist meine Medizin

gegen Burn-out und Cholesterin.

Ein Prosit auf solch köstliche Arznei,

die's gibt rezeptfrei.

#200 2 Gründe

Ich trinke Bier, weil's mir schmeckt

und weil viel Gutes im Bier steckt.

Prost. Prost.

#201 Nach der Arbeit

Nach der Arbeit ist es bestimmt nicht verkehrt,

wenn man mit den Kollegen ein Bierchen leert.

Prost!

#202 Sehr vernünftig

Ein vernünftiger Mann, der geht nach 4 Bier heim.

Das ist heute Abend in der Kneipe mein Reim.

Denn ich habe morgen viel zu tun

und keine Zeit mich morgen auszuruhn.

Prost und kommt gut heim.

#203 Anheizen

Saukalt draußen. Brrr – ich frier.

Wirt, bitte schnell ein warmes Bier.

Und um mich weiter von innen her anzuheizen,

bestell ich noch nen Willi und ein Hefeweizen.

Prost, Ein Glühwein könnte mich heut auch reizen.

#204 Reisen

Komm mit auf die Reise.

Wir zieh'n unsere Kreise.

Von Bier zu Bier…

Getrieben von Durst und Neugier.

Der Weg ist das Ziel.

Ein Weg mit viel Prost und Mundgefühl.

#205 Jahraus, jahrein

Ist das Bierglas voll,

so ist das toll.

Ist das Bierglas leer,

muss ein neues Bierchen her.

Prost!

Die Jahre ziehen ins Land.

Ich halte mein Bierglas in der Hand.

Das Bierglas ist voll.

Das ist toll.

Prost!

#206 Ausgemerkelt

Fühlst du dich durstig und ausgemergelt,

kriegst du das wieder mit einem Bier geregelt.

Prost!

#207 Bier für die Braut

Ein Bier sagt manchmal mehr als tausend Worte.

Wähl ein Bier der guten Sorte

und gib es deiner Braut.

Du wirst seh'n, wie glücklich sie dann schaut.

Prost auf deine Braut, die glücklich schaut.

#208 Mitunter

vollbringt ein Bierchen wahre Wunder.

So ein Bier frisch vom Fass,

das hat schon was.

Es macht müde Männer munter.

Prost Gunther!

#209 Regelmäßiger Bierkonsum

Zu geringer Bierkonsum kann zu negativen Gedanken
führen.

Ein, zwei Bier helfen, vor dem Leben nicht zu
resignieren.

Deshalb sage ich mir:

Trinke regelmäßig Bier!

Prost!

#210 Passiert

Dinge passieren.

Lass dir deine Seele vom Bier massieren.

Alles wird gut.

Prost, hab Mut.

#211 1, 2, 3

Eins, zwei, drei -

das Leben geht so schnell vorbei.

Eins, zwei, drei und vier –

Fülle die Zeit mit Liebe und Bier.

Prost!

#212 Bieren

Steht Bier rum,

wäre man dumm,

seinen Durst zu ignorieren,

anstatt zu bieren*. Prost!

*bieren (Verb): viel Bier trinken (im engeren Sinne),

Bier trinken (im erweiterten Sinne)

#213 Vom Müssen

Sehe ich irgendwo ein Bierchen stehen,

ist's rasch um mich geschehen.

Ich muss es ansehen, schmecken.

Muss mit der Zunge davon lecken.

Muss es gierig runterschlucken.

Ist's leer, muss ich nach einem Neuen gucken.

Prost ;-)

#214 Unstillbar

Mein Durst nach Bier ist unstillbar
- wunderbar!
Prost!

#215 Jeder kennt das

Das Leben ist traurig. Die Welt ist klein.
Schnell schenkt er sich ein Bierchen ein.
Nach einem Bier im Blut scheint alles famos.
Das Leben ist herrlich. Die Welt ist groß.
Prost!

#216 Gesprochen

Nach 10 Bier
sprach das Bier zu mir.
Aber ich verstand es nicht,
denn ich war ja leider dicht.
Nächstes Mal trinke ich nicht so viel,
denn mein Bier zu verstehen, ist mein Ziel.
Prost!

#217 Vom Trinken

Wir leben, also trinken wir:

BIER!

Denn sind wir erst mal tot.

Dann haben wir mit dem Trinken unsere liebe Not.

Deshalb liebe Leute

prosten wir heute!

#218 Natur

Die Natur ist gnadenlos:

Aus klein wird groß.

Aus jung wird alt.

Aus heiß wird kalt.

Aus glatt wird faltig.

Des Lebens Abbau ist gewaltig.

Die Natur ist aber auch toll:

Aus Malzzucker wird Bieralkohol.

Prost. Zum Wohl!

#219 Bier eingießen

Willst du nicht länger an Durst leiden.

Willst gleichzeitig dein Trinken genießen.

Möchtest aber Rotweinflecken meiden.

Dann musst du dir ein Bier eingießen.

Prost!

#220 Mathe

Ein Bier ist (k)ein Bier.
Sind zwei dann auch noch keins
oder doch schon eins?
Prost auf die Rechnerei!
Eins und eins sind meistens zwei.

#221 Schnell mal

Man trinkt schnell mal zu viel,
ohne dass man's wirklich will.
Da geht man fort auf 1, 2 Bier
und schnell mal sind es vier.

#222 Tränen

Ich mag keine Tränen im Bier.
Wenn du nicht zu mir kommst,
komme ich zu dir.
Und dann trinken wir wie früher
zusammen Bier.
Prost!

#223 Bierernst

Schau doch nicht so bierernst drein.
Wenn du kein Bier verträgst, dann trink halt Wein.
Dann hast du höchstens ein weinernstes Gesicht
und schadest dem Image des Bieres nicht.
Prost, schau fröhlich drein.

#224 Bauchig

Er könnte essen immerzu.
Bier trinken auch.
Man nimmt davon halt leider zu
und bekommt einen dicken Bauch.
Aber besser einer mit etwas Bauch
als ein griesgrämiger Lauch.
Prost, drum gönne ich mir
zumindest weiterhin mein Bier.

#225 Eindeutig Bier

Es sieht aus wie Bier,
Es riecht wie Bier.
Es schmeckt wie Bier.
Es berauscht wie Bier.
Es schäumt wie Bier.
Es ist eindeutig Bier.
Prost!

#226 L'égalité

Wie macht man alle Menschen gleich?

Mit Freibier für Arm und Reich.

Prost!

#227 Trink du

Seine Freundin spricht:

„Trink du das Bier, ich trink es nicht."

Ach, denkt er sich:

Sie liebt mich!

Welch herzliches Bier-Liebes-Gedicht.

Prost!

#228 Erinnerungen

Ich erinnere mich

jede Nacht im Traum an dich.

Ob mit oder ohne Bier –

wunderschön war die Zeit mit dir.

Solange du nicht bei mir bist,

ist fast alles Mist.

Dauernd möchte ich von dir träumen,

ich möchte keinen Traum mit dir versäumen.

Prost aufs Träumen.

#229 Sein

Bier muss rein sein.

Bier muss fein sein.

Bier sollte unser tägliches Brot sein.

Ausnahmsweise darf's auch mal ein Wein sein.

Prost!

#230 Bierschauer

Das Leben ist nur von kurzer Dauer,

deshalb nutze deine Zeit, sei schlauer.

Lass dir die Zeit nicht vom Durst verdrießen.

Besser ist's, sich rechtzeitig ein Bier einzugießen.

Prost! Gönne dir einen inneren Bierschauer.

#231 Sonnenschein

Wir freuen uns am Sonnenschein,

trinken Bier und wollen glücklich sein.

Das Leben ist gleich viel netter

bei schönem sonnigen Wetter.

Ist kein Bier da, trinken wir halt Wein.

Prost!

#232 Zauberei mit Ei

Lege vor dich ein Ei und noch ein Ei.

Dann hast du vor dir deren zwei.

Ersetze vom Wort „Eier" das große E

durch ein großes B

und vor dir

steht ein „Bier"!

Prost!

#233 Nobelpreise

Ich habe einen Traum.

Ob er je in Erfüllung geht? Wohl kaum:

Snowden kriegt den Friedensnobelpreis

und Reichel den Literaturnobelpreis.

Das wäre schön –

vielleicht zu schön!?

Ich bekäme Champagner statt Bier zu trinken,

das würde mir schnell mächtig stinken.

Deshalb bleibt's, wie's ist

und ich bin nicht angepisst.

Prost mit Bier statt mit Sekt,

weil Bier besser schmeckt!

#234 Er sucht Sie

Suche Frau, hübsch und bierophil,
die mich liebt und weiß, was sie will.
Eine Frau mit oder ohne Geld,
die mit mir lacht und zu mir hält.
Prost!

#235 Sitzen bleiben

Er bleibt
noch etwas sitzen,
denn er kneipt
und hat schon einen sitzen.
Ihm geht's gut.
Das Bier schmeckt gut.
Er bleibt noch länger hier,
mindestens noch 1,2 Bier.
Prost! Prost!

Die nachfolgenden Biergedichte sind bereits in früheren Büchern erschienen, aber gehören als typische Prost-Bier-Gedichte auch in dieses Buch.

#236 Most

Das Bier ist alle.
In diesem Falle
trinke ich Most.
Prost. Prost.

#237 Auf morgen

Ich trinke mit dir in den Morgen.
Wir lachen und kennen keine Sorgen.
Wir fühlen uns prächtig, sind gut drauf
und machen die nächsten Bierflaschen auf.
Wir prosten auf gestern, heute und morgen.

#238 Zuprosten

Proste ihr zu. Vielleicht prostet sie ja zurück.
Und vielleicht ergibt sich so das große Glück.
Findet sie Bier zu gewöhnlich und nicht fein,
dann lass es mit ihr vielleicht besser sein.

#239 Prost, Prost!

Auf ein langes Leben,

nachdem wir alle streben.

Auf die roten Münder.

Auf uns kleine Sünder.

Auf staufreien Verkehr

und auf noch viel mehr

- trinken wir

das nächste Bier!

#240 Mist

Mist, Mist, Mist.

Das Leben ist so trist.

Aber ohne Bier wär's noch trister.

Prost Mister!

#241 Maibock

Klebriges Bier im Glas

- ich wünsch mir was.

Einen Kuss von dir

zum Maibockbier.

Es keimen die Triebe.

Ein Prost auf die Liebe.

#242 Kneipgänger

In die Kneipe kommt, in die Kneipe geht,
wer auf Bier steht.
So wie wir.
Prost mit Bier!

#243 Empfehlungen

Gegen ein leeres Bierglas gibt es keinen besseren Trost,
als es auf der Stelle wieder voll zu machen. Prost!
Gegen Liebeskummer gibt es keinen besseren Rat,
als sich auf der Stelle neu zu verlieben in der Tat.

#244 Bier-Prost-Harmonie

Ich sage: „Prost."
Sie sagt: „Prost."
Harmonie, Harmonie!
Ich küsse sie.

#245 Zum Schluss

Zum Schluss bleiben dir, dir, dir und mir
nur die Liebe und das Bier.
Prost und `nen Kuss
zum Schluss.

#246 Beim Bier

Die Erde ist keine Scheibe.

Die Erde ist eher kugelrund.

Ich sitze in der Kneipe,

trinke Bier seit zwei Stund.

Ein Prost auf die Welt.

Ein Prost auf das, was sie zusammenhält.

#247 Deutsche Einheit

Mit Bier ein frohes Prost

auf Deutschlands West und Ost.

Ein Prost auch auf den Süden und den Norden,

sie sind schon lange einheitlich geworden.

#248 Hauptsache Bier

Bier ist dazu da, getrunken zu werden.

Egal, ob daheim, im Biergarten oder sonst wo auf
Erden.

Trink ich's nicht, dann trinkst du's.

Prost! Hoch die Gläser. Tu's!

#249 Wenn das Bier Gefühle hätte…

Das Bier freut sich, dass der Bierfreund es gern trinken tut,

denn das tut ihm ja so dermaßen gut.

Es ist so froh, dass es den durstigen Bierfreund gibt

und wünscht ihm ein herzliches „Prosit".

#250 Zwillingsbier

Anders als ein Wein

kommt ein Bier selten allein.

Bier bringt meist seinen Zwilling mit.

Ich trinke sie – Prosit!

#251 Von leer nach voll

Leer sind Kopf und Bauch.

Meine Seele auch.

Doch der Bierkasten ist voll.

Das ist die Rettung. Das ist toll.

Prost Kopf! Prost Bauch!

Prost Seele auch!

Lernt vom Bier (Kurzgeschichte)

Die Autoindustrie wird sich bald selber abschaffen durch zu viele Autos, die zu nervigen Dauerstaus und zu ebenso nerviger, nicht enden wollender Parkplatzsuche führen. Die Straßen und Städte sind bald so verstopft, dass nichts mehr fährt. Die vielen Autos killen letztendlich die Autoindustrie, wie ein Zuviel an produziertem Alkohol die Hefe killt. Die Autos bzw. der Alkohol kommen wie ein Bumerang auf den Erzeuger zurück und erschlagen ihn. Im Bier liegt für die Hefe ein gesundes Maß an Alkohol mit ca. 5 % vol vor. In Wein gelangt die Hefe so langsam an ihre Grenzen. Bei Alkoholkonzentrationen von über 15-20 % vol ist die Hefe tot, getötet vom Stoffwechselprodukt ihrer Gier nach immer mehr. Wie der Brauer bezüglich des Bieralkohols, so sollten auch die Autoverkehrsverantwortlichen, in erster Linie die Autobauer, die Politiker, die Autofahrer, im Interesse aller schauen, dass ein begrenztes Maß an Autoaufkommen reicht. Lernt vom Bier! Prost!

Inhaltsverzeichnis

	Vorwort des Autors	7
#1	Gescheitert	9
#2	Darum ein Prosit	9
#3	Richtig wichtig	9
#4	Anti-Rassismus-Biergedicht	9
#5	Halbblut	10
#6	Toleranz	10
#7	Sparfuchs	11
#8	Drei Wünsche	11
#9	Erwartungen	11
#10	Wichtigkeit	12
#11	Amüsieren	12
#12	From Paradise	12
#13	Sternenhimmel	13
#14	Ha, ha, ha	13
#15	Nichts mehr aufschieben	13
#16	Voll	14
#17	Paradies	14
#18	Das Beste	14
#19	Glück auf	15
#20	Konsum	15
#21	Irgendwann	15
#22	Biologie des Prostens	16
#23	Anstößiges	16
#24	Trump	16
#25	Unsere Zeit	17
#26	Anti-Albtraumbier	17
#27	Zufriedenheit	17
#28	Tagaus	18
#29	Echte Liebe	18
#30	Gesundheit	18
#31	Warten	19
#32	Verbesserer	19
#33	Bessere Zeiten	20
#34	Aus Grau wird Blau	20
#35	Großzügig	20
#36	Grässlich	21

#37   Verzicht 21
#38   Mein kleiner Kaktus 21
#39   Logisch 22
#40   Bier statt Wein 22
#41   Protokoll 22
#42   Murmeltier 23
#43   Eine Runde Freibier 23
#44   Erde und Bier 23
#45   Jetzt 24
#46   Heute glücklich 24
#47   Zufrieden 24
#48   Authentisch 25
#49   Zeitgenosse 25
#50   Darum 25
#51   Tipp des Abends 25
#52   Wochenende 26
#53   Auf uns Sackgesichter 26
#54   Sympathischer mit Bier 26
#55   Vom Teilen 27
#56   Hab Acht vor der Acht 27
#57   Schöne Geste 27
#58   Geburtstag 28
#59   Legaler Frohsinn 28
#60   Kraftspender 28
#61   Zufrieden und glücklich 29
#62   Was wirklich zählt 29
#63   Bier und Schokolade 30
#64   Wahlen 30
#65   Noch mehr 30
#66   Sonntägliches Joggen 31
#67   Herbstanfang 31
#68   Bald ist Weihnachten 32
#69   Winter 32
#70   Adventskalender 33
#71   Winterzeit 33
#72   White Xmas 33
#73   Im Innersten 34

#74	Runde Bier	34
#75	Flau	35
#76	Vorsicht	35
#77	Vegetarisch	35
#78	Maß Bier	36
#79	Trost-Prost-Bier	36
#80	Verschmähte Liebe	37
#81	Im Himmel	37
#82	Abends	38
#83	Kollegen	38
#84	Sommerregen	38
#85	Erfrischend	39
#86	Von morgens bis abends	39
#87	Feucht-fröhlich-glücklich	39
#88	Lebensmut	40
#89	Die Schwaben	40
#90	Gestern / heute	40
#91	Ausgeflippt	41
#92	Mai 2018	41
#93	Einsicht	41
#94	Derby-Sieger (12.5.2018)	42
#95	CL-Finale am 26.5.2018	42
#96	WM 2018 - Vorfreude	43
#97	WM gucken	44
#98	WM-Aus 2018	45
#99	Fußball überall	46
#100	Am besten	46
#101	Kraftbier	46
#102	Sternstunden	47
#103	Frühling	47
#104	Chemie	48
#105	Believe	48
#106	Hau weg	48
#107	Ich	49
#108	Tag der Arbeit	49
#109	Fasten	49
#110	Abitur und Schulende aus Lehrersicht	50
#111	Gerne ein Osterbier	50
#112	Entzückt	51
#113	Bier-Ding	51

#114	Glücksfaktoren	52
#115	Randvoll	52
#116	Zum Wohl	52
#117	Besser	53
#118	Kenner	53
#119	Falle	53
#120	Antwort	54
#121	Kante	54
#122	Bierzeit	54
#123	Gluck-Schluck	55
#124	Überall	55
#125	Gelegenheit	55
#126	Bierliebe	56
#127	Größtes Glück	56
#128	Ein paar Schlückchen Glück.	56
#129	Vergnügungsbier	57
#130	Schwerelos	57
#131	Eins mehr	57
#132	Bier ohne	58
#133	Berlin	58
#134	Frust	59
#135	Tauwetter	59
#136	Planwirtschaft	59
#137	Wahrheiten	60
#138	Alternativen	60
#139	Brauereiduft	60
#140	Verweile	61
#141	Biertraumreise	61
#142	Spendabel	61
#143	Prost Seele	62
#144	Lachen	62
#145	Besser leben	62
#146	Dichten	63
#147	Sich verlieren	63
#148	Geborgen	63
#149	Arbeit, Leben , Liebe	64
#150	Abwarten	64
#151	Neid	64
#152	Bier – keine Frage	65
#153	Demenz	65

#154	The best	66
#155	Süchte	66
#156	Dankbarkeit	66
#157	Ruhig, ganz ruhig	67
#158	Lebensreise	67
#159	Geld und Freunde	67
#160	Zwergenbier	68
#161	Zeiten	68
#162	Armer Schlucker	68
#163	Der Mund	69
#164	Kupferstecher	69
#165	Mein Auto	69
#166	Die Meine	70
#167	Verstaubt	70
#168	Ewige Liebe	70
#169	Macht Sinn	71
#170	Auf alle Tage	71
#171	Glücksgefühl	71
#172	Liebe dein Leben	72
#173	Fußkuss	72
#174	Ehre	72
#175	Im Alkohol versinken	73
#176	Bier, Bier, Bier...	73
#177	Sorgenfrei	74
#178	Daheim	74
#179	Übers Trinken	74
#180	Alkohol	75
#181	Glücksrausch	75
#182	The art of drinking	75
#183	Großer Mist	76
#184	Dich	76
#185	Sauwetter-Retter	76
#186	Eins bis eight	77
#187	Bis dahin	77
#188	Nur sie	78
#189	Vom Sein und Nichtsein	78
#190	Glaube, Liebe, Hoffnung	78
#191	Grau	79
#192	Völlig unbeschwert	79

#193 Probier's 79
#194 Gut und fein 80
#195 Glückskind 80
#196 Wo 80
#197 Das Leben 80
#198 Übers Biertrinken 81
#199 Medizin 81
#200 2 Gründe 81
#201 Nach der Arbeit 81
#202 Sehr vernünftig 82
#203 Anheizen 82
#204 Reisen 82
#205 Jahraus, jahrein 83
#206 Ausgemerkelt 83
#207 Bier für die Braut 83
#208 Mitunter 84
#209 Regelmäßiger Bierkonsum 84
#210 Passiert 84
#211 1, 2, 3 85
#212 Bieren 85
#213 Vom Müssen 85
#214 Unstillbar 86
#215 Jeder kennt das 86
#216 Gesprochen 86
#217 Vom Trinken 87
#218 Natur 87
#219 Bier eingießen 87
#220 Mathe 88
#221 Schnell mal 88
#222 Tränen 88
#223 Bierernst 89
#224 Bauchig 89
#225 Eindeutig Bier 89
#226 L'égalité 90
#227 Trink du 90
#228 Erinnerungen 90
#229 Sein 91
#230 Bierschauer 91
#231 Sonnenschein 91

106

#232 Zauberei mit Ei 92
#233 Nobelpreise 92
#234 Er sucht Sie 93
#235 Sitzen bleiben 93
#236 Most 94
#237 Auf morgen 94
#238 Zuprosten 94
#239 Prost, Prost! 95
#240 Mist 95
#241 Maibock 95
#242 Kneipgänger 96
#243 Empfehlungen 96
#244 Bier-Prost-Harmonie 96
#245 Zum Schluss 96
#246 Beim Bier 97
#247 Deutsche Einheit 97
#248 Hauptsache Bier 97
#249 Wenn das Bier Gefühle hätte... 98
#250 Zwillingsbier 98
#251 Von leer nach voll 98
       Lernt vom Bier (Kurzgeschichte) 99

Bisher sind von Alfred Reichel beim Verlag Books on Demand GmbH folgende Bücher erschienen:

Prost-Gedichte, 2019

Weihnachtliche Biergedichte, 2018

1516 Biergedichte, 2017

Frisch eingeschenkt – Biergedichte der besonderen Art, 2017

Goldene Biergedichte, 2016

Bierhaltige Gedichte, 2016

Tierisch gute Bier-Gedichte, 2015

Nicht nur Biergedichte, 2015

Bier-Lyrik, 2014

Bier-Liebes-Gedichte, 2013

Noch mehr Bier-Gedichte, 2013

Bier-Gedichte, 2012